चाँद के पार

月を越えて

चाँद के पार

月を越えて

संपादक मंडल :
राज बुद्धिराजा
योशिओ तकाकुरा

अनुवादक :
राज बुद्धिराजा
तोमोको किकुचि
योशिओ तकाकुरा

編：ラージ・ブッディラージャー
高倉嘉男
訳：ラージ・ブッディラージャー
菊地智子 高倉嘉男

वाणी प्रकाशन

वाणी प्रकाशन

4695, 21-ए, दरियागंज, नयी दिल्ली 110 002

शाखा

अशोक राजपथ, पटना 800 004

फ़ोनः +91 11 23273167 फ़ैक्सः +91 11 23275710

www.vaniprakashan.in
vaniprakashan@gmail.com

CHAND KE PAAR
Edited by Raj Buddhiraja, Yoshio Takakura
Translated by Raj Buddhiraja, Tomoko Kikuchi, Yoshio Takakura

ISBN : 978-93-5072-180-3

Poetry

प्रथम संस्करण

मूल्य : ₹ 350

ओम ऑफ़सेट, दिल्ली-110093 में मुद्रित

वाणी प्रकाशन का लोगो मक़बूल फ़िदा हुसेन की कूची से

समर्पण

献辞

जापान-भारत के सांस्कृतिक संबंधों को समर्पित

日本とインドの文化的友好関係に捧ぐ

Ambassador of Japan
New Delhi

Ambassador's Message for
"Chaand Ke Paar" Poetry Session

I am pleased to know that the Indian Council for Japanese Culture is organizing a poetry recital session titled **'Tsukimi: Chaand Ke Paar'** on November 16, 2010, as an event of the Japan Cultural Months being celebrated in New Delhi and other cities in India during October-December 2010. It is indeed heartening to see writers and poets from both India and Japan congregating to recite their poems in celebration of the 'Tsukimi' festival, which is a tradition followed since ancient times in Japan, wherein people gather to view the harvest moon and recite poetry under the full moon of the 8th month of the lunar calendar.

Dr. Raj Buddhiraja, President of the Indian Council for Japanese Culture, is a well-respected and prominent member of the contemporary Hindi literary circles. She has vast experience of teaching Hindi to several scholars both in India as well as abroad, including Japan. She has also written many books, articles, stories and poems in Hindi, and created her own unique position amongst today's leading Hindi writers.

Dr. Buddhiraja, recipient of *'The Order of the Sacred Treasure'* conferred upon her by His Majesty the Emperor of Japan in the year 2000, has been playing a significant role in promoting Japan-India cultural relations by organizing numerous cultural events such as painting exhibitions, origami classes, poetry sessions, and so on, with the aim of popularizing Japanese culture and language in India.

I would like to take this opportunity to congratulate Dr. Buddhiraja for her initiative, and extend my best wishes for the success of the event. It is hoped that she will continue with more such interesting endeavors in the future.

Hideaki Domichi
HIDEAKI DOMICHI
Ambassador of Japan to India

अनुक्रम

目次

भूमिका

जापान के सांस्कृतिक मास के उपलक्ष्य में 16 नवंबर 2010 को इंडिया इंटरनेशनल सेंटर, नई दिल्ली में चाँद पर काव्य-गोष्ठी का आयोजन किया गया था जिसमें जापानी दूतावास के राजनयिकों और जापान फ़ाउंडेशन के निदेशकों ने भी भाग लिया। उन्हीं कविताओं का संशोधित और परिवर्तित रूप 'चाँद के पार' नामक इस काव्य-संग्रह में संकलित है। हमें यह पुस्तक प्रस्तुत करते हुए हर्ष का अनुभव हो रहा है।

इस काव्य-संग्रह में जापानी और हिंदी कवियों द्वारा रचित 'चंद्र-दर्शन' पर कुछ कविताएँ संकलित हैं। जापान में पारंपरिक विश्वास है कि जापान के पुराने कैलेंडर के अनुसार आठवें महीने की पंद्रहवीं तारीख़, यानी पूर्णमासी की रात को चंद्र का दर्शन किया जाता है। साल में इसी दिन चाँद सबसे सुंदर दिखता है और जापानवासी झुंड के झुंड एकत्रित होकर चाँद के छाँव में बैठते, पारंपरिक भोजन करते और चाँद की प्रशंसा पर गीत गाते हैं। पश्चिमी कैलेंडर के हिसाब से यह त्योहार सितंबर या अक्टूबर में पड़ता है। इसे जापानी में 'ओत्सुकिमि' और हिंदी में चंद्र-दर्शन कहा जाता है। जापानी सभ्यता में पुष्प-दर्शन (विशेषतः वसंत में खिलनेवाला *साकुरा* फूल), *मोमिजि*-दर्शन (विशेषतः *मैपल* के रंग-विरंग पत्ते) और हिम-दर्शन (शीत-ऋतु) के साथ-साथ चंद्र-दर्शन का विशेष महत्त्व है। पूर्णमासी में खाया जाने वाला विशिष्ट भोजन होता है जिसमें सफ़ेद चावल से बनाई गई *त्सुकिमि दानगो* (मिठाई), *सुसुकि* घास और *चस्टनट* सम्मिलित हैं।

जापान में यह पुरानी मान्यता भी है कि चाँद में ख़रगोश रहते हैं और *मोचि (राइस केक)* बना रहे हैं। पृथ्वी में रहने वाले ख़रगोश भी सब चाँद से

आए हैं। और पूर्णमासी की रात को पृथ्वी में रहनेवाले ख़रगोश चाँद की याद करते उछलते-कूदते हैं। जापान की प्रसिद्ध लोककथा *ताकेतोरि मोनोगातारि* में *त्सुकि-नो-मियाको* (चाँद की राजधानी) से धरती पर आई राजकुमारी *कागुयाहिमे* का ज़िक्र है। *मिकादो* (जापानी सम्राट) को उसकी अलौकिक सुंदरता की ख़बर सुनकर उससे प्रेम हो जाता है, लेकिन *कागुयाहिमे मिकादो* का विवाह-प्रस्ताव स्वीकृत न करते हुए अंत में चाँद वापस चली जाती है। रवाना के वक़्त *कागुयाहिमे मिकादो* को तोहफ़े के रूप में अमृत देती है, जिसे पीने से इंसान अमर हो जाता है। पर *मिकादो* ने *कागुयाहिमे* के बिना सदा जीना व्यर्थ समझा और अमृत को जापान के सबसे ऊँचे पर्वत के शिखर पर, यानी चाँद के सबसे निकट जगह पर जलवाया। आज वह पर्वत *माउंट फ़ुजि* के नाम से प्रसिद्ध है, जिसका अर्थ है अमृत पर्वत।

भारत में भी पूर्णिमा और चाँद का विशेष महत्त्व है। करवा चौथ चाँद से प्रत्यक्ष संबंध रखनेवाला त्योहार है। विवाहित औरतें अपने पति की दीर्घायु और स्वास्थ्य की प्रार्थना करते व्रत रखती हैं और चाँद दिखने पर व्रत तोड़ती हैं। पूर्णिमा के दिन मनाए जाने वाले त्योहारों में बुद्ध पूर्णिमा, गुरु पूर्णिमा, रक्षाबंधन तथा होली इत्यादि है। कुछ लोग पूर्णिमा के दिन खीर पका कर चाँडी की कटोरी में चाँद की छाया में रखते और सुबह-सवेरे उसका सेवन करते। भारत में बच्चे चाँद को प्यार से मामा पुकारते हैं। यह भी कहा जाता है कि चाँद में काकी रहती है और चर्ख़ा कात रही है।

इस संग्रह में जापानी और भारतीय कवियों की चुनिंदा कविताएँ संकलित हैं। यजुर्वेद के अतिरिक्त इसमें आठवीं शताब्दी के कवियों से लेकर इक्कीसवीं शताब्दी के नवोदित कवियों तक की रचनाओं का जापानी से हिंदी

और हिंदी से जापानी में अनुवाद किया गया है। इस काव्य-संग्रह की एक विशेषता और हमारा एक नया प्रयोग यह है कि जापान और भारत की चाँद-संबंधी कविताओं को विषय के अनुसार संकलित करने की कोशिश की गई है, रचनाकाल, भाषा या कवियों की वरिष्ठता से नहीं, ताकि इन कविताओं के माध्यम से चाँद के दर्शन के साथ-साथ दो देशों की सांस्कृतिक, सृजनात्मक और भावनात्मक समानता का दर्शन भी हो जाए। विषय इस प्रकार हैं - चाँद का प्राकृतिक चित्रण (शरद ऋतु), शरद-इतर ऋतुओं में चाँद, चाँद और क्षणभंगुरता, चाँद और प्रेम, चाँद और नायिका तथा चाँद और बच्चा। एक दिलचस्प खोज यह है कि जापान और भारत की काव्य-परंपरा में चाँद और बच्चों का घनिष्ठ संबंध समान रूप से मिलता है। दोनों देशों के बच्चे न केवल चाँद को बेहद प्यार करते हैं, बल्कि उसे खिलौना समझकर अपनी-अपनी माँओं से ले आने के लिए जिद्द करते हैं। अगर हम में से किसी को कहीं चाँद मिल जाए तो आपस में बाँट लिया जाए!

हममें जापानी राजदूत महामहिम हिदेआकि दोमित्चि जी ने अपने संदेश से इस काव्यसंग्रह की गरिमा को चार चाँद लगा दिया है। हम जापानी दूतावास, सांस्कृतिक विभाग के प्रति आभार व्यक्त करते हैं, जिन्होंने इस पुस्तक को तैयार करने में सहायता प्रदान की है।

आइए हम सब मिलकर एक पूर्णमासी पर चंद्र-दर्शन करें और उससे संबंधित कविताओं का पाठ करें। इस संग्रह का उत्स हमारे मेधावी पाठकों का होगा और उच्छिष्ट हम दोनों का।

राज बुद्धिराजा
योशिआो तकाकुरा

序文

日本文化月間中となる2010年11月16日、ニューデリーのインド国際センターにおいて、月を題材にした詩の朗読会が開催され、日本大使館の文化広報担当外交官やジャパン・ファウンデーションの職員などを含む多くの人々が参加しました。それらの詩がこの詩集「月を越えて」に収録されています。私たちはこの本を出版できたことを大変嬉しく思います。

この詩集には、日本語とヒンディー語の詩人たちによる「お月見」の詩が収録されています。日本では伝統的に、旧暦8月15日の満月の夜にお月見が行われます。この日の月はもっとも美しいとされており、日本人は月光の中に座り、伝統的な料理を食べ、月を愛でる詩を詠みます。西暦ではこの祭りは9月～10 月となります。我々はヒンディー語で「お月見」を「チャンドラダルシャン(チャンドラ＝月、ダルシャン＝見る)」と呼ぶことにしました。日本の文化において、お花見、紅葉狩り、雪見などと共にお月見は重要な行事に数えられています。お月見のときには月見団子をお供えし、皆で食べます。

日本には、月では兎が餅を付いているという迷信があります。地上に住んでいる兎たちも皆、月から来ており、満月の夜には月での生活を懐かしんで飛び跳ねるのです。日本の有名な民話「竹取物語」では、月の都から地上にやって来たかぐや姫の話が語られます。帝はかぐや姫の類い稀な美しさを聞き及んで恋に落ちますが、かぐや姫は帝の求婚を拒絶し、最後には月に帰って行ってしまいます。かぐや姫は月へ帰る前に帝に不老不死の薬を渡します。しかし帝はかぐや姫なしに永遠に生き続けることは無意味だと考え、日本でもっとも高い山の上、つまり月に一番近い場所でその薬を燃やさせます。今日その山は富士山として知られていますが、その名前の由来は不死山だとされています。

インドでも満月や月は重視されています。カルワー・チャウトという祭りは月と密接な関係を持っています。既婚の女性たちはこの日、夫の長寿と健康を祈って断食をし、月を見て初めて断食を止めます。満月の日に祝われる祭りには、仏陀の誕生日ブッダ・プールニマー、師を敬うグル・プールニマー、兄弟姉妹の絆を深める祭りラクシャー・バンダン、色の祭りホーリーなどがあります。満月の日に人々はキール(乳粥)を作り、銀のお椀に入れて、月光の中に置き、翌朝それを食べます。インドでは子供たちは月を「月おじさん」と呼びます。月にはお婆さんが住んでいて、糸車を回しているという言い伝えもあります。

この詩集では日本とインドの詩人たちの詩が収められています。ヤジュルヴェーダの他に、8 世紀の詩人たちから 21 世紀の若い詩人たちまでの作品が、原文に加え、日本語からヒンディー語に、ヒンディー語から日本語に翻訳されて掲載されています。この詩集の大きな特徴かつ我々の新しい試みは、日本とインドの月に関する詩を、制作年順、言語別、詩人の年功順などではなく、テーマに合わせて並べたことです。それは、これらの詩によって月を愛でるだけでなく、両国の文化的・創造的・感情的な共通性も愛でることができるようにとの配慮からです。テーマは以下の通りです——月の自然描写(秋)、秋以外の季節の月、月と無常、月と恋愛、月と美人、月と子供。興味深い発見だったのは、日本とインドの詩の伝統において、月と子供が共通して深い関係を持っていることです。両国の子供たちは月をとても愛しているだけでなく、月を玩具と考え、母親に取って来るように我が侭を言います。もし我々のどちらかが万一にも月を手にすることがあったならば、山分けにしましょう！

堂道秀明駐印大使がこの詩集のためにメッセージを送って下さいました。我々は、この本の執筆を支援して下さった日本大使館広報文化部に深い感謝の気持ちを表します。

さあ、皆でお月見をしましょう、そしてそれらを愛でた詩を詠みましょう。この詩集の源泉は賢明なる読者の皆さんであり、至らない点は我々の責任です。

ラージ・ブッディラージャー

高倉嘉男

॥ यजुर्वेद से उद्धृत चन्द्रमा से संबंधित मंत्र ॥

उभे सुश्चन्द्रः सर्पिषो दर्वी श्रीशीष ऽआसनि।
उतो न ऽउत्पुपूर्ण उकथेषु शवसस्पत ऽइष स्तोतृभ्यः ऽआभर ॥

जैसे ऋत्विक लोग धृत को शोध कर्छी से अग्नि में होम कर और वायु तथा वर्षा जल को रोग नाशक कर सबको सुखी करते हैं, वैसे ही चन्द्रमा के समान सुन्दर आनन्द दाता अध्यापकों को चाहिए कि विद्यार्थियों के मन अच्छी शिक्षा से शोध कर उनको विद्यादान देकर आत्माओं को पवित्र कर सबको सुखी करे।

四ヴェーダのひとつ
ヤジュルヴェーダより
月に関する真言

大意：祭官が手に持った物を清めるために火の中に投じて、風と水の病気を治して、皆を喜ばせるように、月のように美しい喜びを与える教師は、生徒の心を素晴らしい教育によって清め、学を与え、魂を浄化して皆を喜ばせる。

☾ चाँद का प्राकृतिक चित्रण (शरद ऋतु)

月の自然描写(秋)

東の
野にかぎろひの
立つ見えて
かへり見すれば
月かたぶきぬ

柿本人麻呂
万葉集

पूर्वी मैदान में ऊषा दिखने लगी,
पलटकर देखा
चंद्रमा डूबने लगा।

कवि: काकिनोमोतो-नो-हितोमारो
काव्यसंग्रह: मानयोशू (7-8वीं सदी)

अनुवादक: तोमोको किकुचि

天の海
雲の波立ち
月の舟
星の林に
漕ぎ隠る見ゆ

柿本人麻呂
万葉集

आकाश के सागर में
बादलों की लहर उठी,
चाँद की नाव
तारों के वन के बीच
लुप्त हो गई।

कवि: काकिनोमोतो-नो-हितोमारो
काव्यसंग्रह: मानयोशू (7-8वीं सदी)

अनुवादक: योशिओ तकाकुरा

秋風に
浪や立つらむ
天の河
わたる瀬もなく
月の流るる

詠み人知らず
後撰和歌集

शरद की हवा से
लहर रही होगी
आकाशगंगा,
चाँद बहता जाता है
तट न मिल रहा।

कवि: अज्ञात
काव्यसंग्रह: गोसेन-वाकाशू
(10वीं सदी)

अनुवादक: योशिओ तकाकुरा

てる月の
清き夜ごろを
蟋蟀や
ねもころころに
率寝て鳴くらむ

斎藤茂吉

स्वच्छ चांदनी रात
झींगुर झीं झीं करता है
मेरे साथ सोता है।

कवि: मोकिचि साइतो
(1882-1953)

अनुवादक: तोमोको किकुचि

चाँदनी से सजा चाँद

शारदीय पूर्णमासी की रात में
चाँदनी से सजा चाँद।
सलोना, पूरा चाँद,
धरा को सँवारता चाँद,
इठलाता-सा चाँद,
गुनगुनाता-सा चाँद,
प्यारा लगता है।

शारदीय पूर्णमासी की रात में
चाँदनी से सजा चाँद।
अम्मा के चंद्रमुख-सा लगता है।
बिटिया के कंगन-सा लगता है।
सजनी के चंद्रबदन-सा लगता है।

शारदीय पूर्णमासी की रात में
चाँदनी से सजा चाँद।

गर्वीला, हठीला चाँद,
तारों के बीच चमकता चाँद,
खिलौना-सा चाँद,
रंगीला-सा चाँद,

शारदीय पूर्णमासी की रात में
चाँदनी से सजा चाँद।
नानी के किस्से का मामा लगता है।
चरखेवाली बुढ़िया की याद दिलाता है।
मेरे बचपन की लोरियाँ दोहराता लगता है।

शारदीय पूर्णमासी की रात में
चाँदनी से सजा चाँद।
मनोहर, सजीला चाँद
मन को लुभाता चाँद
गगन-सा चाँद
अनूठा लगता है।

शारदीय पूर्णमासी की रात में

चाँदनी से सजा चाँद।
नटराज की जटा में शोभता है।
मधुबन में राधा को मोहता है।
बच्चों-बूढ़ों सबको सुहाता है।

शारदीय पूर्णमासी की रात में
चाँदनी से सजा चाँद।

शशिप्रभा तिवारी

月光で着飾った月

秋の満月の夜
月は月光で着飾る。
美しい満月
大地を見守る月
澄まし顔の月
口ずさむ月
なんて愛しいのだろう。

秋の満月の夜
月は月光で着飾る。
まるでお母さんの丸い顔のよう。
まるで娘の腕輪のよう。
まるで花嫁の体のよう。

秋の満月の夜
月は月光で着飾る。
誇り高く強情な月

星々の中で輝く月
玩具のような月
色とりどりの月

秋の満月の夜
月は月光で着飾る。
お祖母ちゃんのお話のおじさんのよう。
糸車を回す老婆を思い出す。
子供の頃の子守歌をまた聴かせる。

秋の満月の夜
月は月光で着飾る。
愛らしく美しい月
心を魅了する月
空のような月
他にはどこにもない。

秋の満月の夜
月は月光で着飾る。

ナトラージの髷に輝く。

マドゥバンでラーダーを魅惑する。

子供も老人も皆に愛される。

秋の満月の夜

月は月光で着飾る。

シャシプラバー・ティワーリー

翻訳：高倉嘉男

☾ शरद-इतर ऋतुओं में चाँद 秋以外の季節の月[1]

वसंत 春

菜の花や
月は東に
日は西に

与謝蕪村

सरसों के फूल खिले
पूर्व में चंद्रोदय
पश्चिम में सूर्योदय।

कवि: बुसोन योसा
(1716-1784)

अनुवादक: तोमोको किकुचि

1 जापानी काव्य में चाँद शरद ऋतु का प्रतीक है और चाँद की कविता आम तौर पर शरद की ही कविता होती है, पर कवियों ने शरद के अतिरिक्त ऋतुओं - वसंत, ग्रीषम और शीत - के चाँद पर भी बहुत सी कविताएँ लिखी हैं।

おもしろき
朧月夜に
なりにけり
ひとり残りし
花の下かげ

樋口一葉

धुंधला चंद्रमा
मोहिनी रात
मैं अकेली रह गई
फूलों के पेड़ के नीचे।

कवि: इशियो हिगुचि
(1872-1896)

अनुवादक: तोमोको किकुचि

清水へ
祇園をよぎる
桜月夜
こよひ逢う人
みなうつくしき

与謝野晶子

चांदनी रात और साकुरा का फूल
गिओन से होकर *कियोमिज़ु* की ओर
चलते लोगों को देखा
सभी में सौंदर्य का आभास।

कवि: आकिको योसानो
(1878-1942)

अनुवादक: तोमोको किकुचि

ग्रीष्म　夏

蛸壺や
はかなき夢を
夏の月

松尾芭蕉

अष्टबाहु-पात्र[2] में बैठकर
अष्टबाहु ग्रीष्म का चंद्रदर्शन करता है
नश्वर सपना देखता है।

कवि: बाशो मात्सुओ
(1644-1694)

अनुवादक: तोमोको किकुचि

---

2 अष्टबाहु-पात्र मिट्टी का एक पात्र है, जो अष्टबाहु को पकड़ने के लिए रात को समुद्र में डुबाया जाता है। रात को अष्टबाहु उस पात्र में घुस जाता है, सुबह होते ही मछुवा उसे समुद्र से उठा लेता है।

月がけも
もらぬ斗に
岡のへの
きぎのこずへは
しげり合にけり

樋口一葉

ओकानोए का मैदान
पेड़ों की घनी डालें फैली हुई
चाँदनी को रोककर।

कवि: इशियो हिगुचि
(1872-1896)

अनुवादक: तोमोको किकुचि

蒼ざめし
額のつめたく
濡れわたり
月夜の夏の
街を我が行く

若山牧水

चेहरा पीला पड़ गया
माथा ठंडा हो गया
ग्रीष्म की चांदनी रात
एक शहर की सड़क पर चलता हूँ।

कवि: बोकुसुइ वाकायामा
(1885-1928)

अनुवादक: तोमोको किकुचि

शीत 冬

むばたまの
夜のみ降れる
白雪は
照る月影の
積もるなりけり

詠み人知らず
後撰和歌集

रात को हुआ हिमपात
सफ़ेद चांदनी ही बरसकर
सारे जहाँ ढक गया।

कवि: अज्ञात
काव्यसंग्रह: कोसेन-वाकाशू
(10वीं सदी)

अनुवादक: तोमोको किकुचि

冬の夜の
池の氷の
さやけきは
月の光の
みがくなりけり

清原元輔
拾遺和歌集

जाड़े की रात
तालाब का पानी जम गया
चाँदनी ने ही चमकाया
अत्यंत दीप्तिमान।

कवि: कियोहारा-नो-मोतोसुके
काव्यसंग्रह: शूइवाकाशू
(11वीं सदी)

अनुवादक: तोमोको किकुचि

さらさらと氷の屑が
波に鳴る
磯の月夜のゆきかへりかな

石川啄木

लहरों पर बर्फ़ के टुकड़े
सरसर आवाज़ कर तैर उठे
चाँदनी रात का समुद्र किनारा
मैं सैर करता हूँ।

कवि: ताकुबोकु इशिकावा
(1886-1912)

अनुवादक: तोमोको किकुचि

☾ चाँद और क्षणभंगुरता　月と無常

世の中は
空しきものと
あらむとぞ
この照る月は
満ち欠けしける

詠み人知らず
万葉集

क्षणभंगुर संसार में
आलोकित चंद्रमा
घटना-बढ़ना करता है।

कवि: अज्ञात
काव्यसंग्रह: मानयोशू (7-8वीं सदी)

अनुवादक: तोमोको किकुचि

手に結ぶ
見ずに宿れる
月影の
あるかなきかの
世にこそありけれ

紀貫之
古今和歌集

अंजली के पानी पर
चंद्रमा की परछाई
उसी तरह अनिश्चित
यह हमारा संसार।

कवि: कि-नो-त्सुरायुकि
काव्यसंग्रह: कोकिनवाकाशू
(10वीं सदी)

अनुवादक: तोमोको किकुचि

ながむれば
山より出でて
行く月も
世に住みわびて
山にこそ入れ

紫式部
源氏物語

पहाड़ के पीछे से चंद्रमा का उदय हुआ
ज़िंदगी से ऊबकर
फिर पहाड़ में ही डूब गया।

कवि: मुरासाकि-शिकिबु
काव्यसंग्रह: गेनजि मोनोगातारि
(11वीं सदी)

अनुवादक: तोमोको किकुचि

ひきかへて
はなみる春は
よるはなく
月見るあきは
ひるなからなむ

西行

वसंत में रात न आए
साकुरा का फूल देखता रहूँ
शरद में दिन न आए
चंद्रमा देखता रहूँ।

कवि: साइग्यो
(1118-1190)

अनुवादक: तोमोको किकुचि

花ちらで
月はくもらぬ
よなりせば
物をおもはぬ
わが身ならまし

西行

अगर
साकुरा का फूल नहीं झड़ता
चंद्रमा पर बादल नहीं आता
तो मैं भी बेचैन नहीं होता।

कवि: साइग्यो
(1118-1190)

अनुवादक: तोमोको किकुचि

☾ चाँद और प्रेम 月と恋愛

去年見てし
秋の月夜は
照らせれど
相見し妹は
いや年離る

柿本人麻呂
万葉集

गत वर्ष जैसी
चमक है चाँदनी की,
सिर्फ़ दूरी उम्र की
तुम से है बढ़ गई
जिसके संग वह देखी थी।

कवि: काकिनोमोतो-नो-हितोमारो
काव्यसंग्रह: मानयोशू (7-8वीं सदी)

अनुवादक: योशिओ तकाकुरा

ぬばたまの
その夜の月夜
今日までに
我れは忘れず
間なくし思へば

河内百枝娘子
万葉集

आज तक
वह चाँदनी रात
भूली नहीं,
शायद ही कोई पल था
कि तुम्हें सोची नहीं।

कवि: कावाची-नो-मोमोएओतोमे
काव्यसंग्रह: मानयोशू (7-8वीं सदी)

अनुवादक: योशिओ तकाकुरा

山の端に
いさよふ月を
出でむかと
待ちつつ居るに
夜ぞ更けにける

詠み人知らず
万葉集

शर्मीला चाँद
पहाड़ के पीछे से
कब निकल आए
उसी इंतज़ार में
रात गुज़र गई।

कवि: अज्ञात
काव्यसंग्रह: मानयोशू (7-8वीं सदी)

अनुवादक: योशिओ तकाकुरा

はしきやし
間近き里の
君来むと
おほのびにかも
月の照りたる

湯原王
万葉集

पड़ोसी गाँव से
मेरे प्रियतम
आ ही रहे हैं
चाँद चमकते
संदेश दे रहा है।

कवि: युहारा-नो-ओकिमि
काव्यसंग्रह: मानयोशू (7-8वीं सदी)

अनुवादक: योशिओ तकाकुरा

月読みの
光に来ませ
あしひきの
山きへなりて
遠からなくに

湯原王
万葉集

चाँदनी रात को
मेरे यहाँ आ जाइएगा
यहाँ उतनी दूर नहीं
पहाड़ पार करना पड़े।

कवि: युहारा-नो-ओकिमि
काव्यसंग्रह: मानयोशू (7-8वीं सदी)

अनुवादक: तोमोको किकुचि

夕闇は
道たづたづし
月待ちて
行ませ我が背子
その間にも見む

豊前國娘子大宅女
万葉集

गोधूली में कहीं
राह हो न जाए गुम,
चाँद की राह देख
रवाना हो जाना सनम
तब तक साथ रहेंगे हम ।

कवि: तोयोनो-मिचिनोकुचि-नो-ओतोमे-ओयाकेमे
काव्यसंग्रह: मानयोशू (7-8वीं सदी)

अनुवादक: योशिओ तकाकुरा

月見れば
国は同じぞ
山へなり
愛し妹は
へなりたるかも

柿本人麻呂
万葉集

देखो चाँद एक है
सो दुनिया भी एक है,
इस पहाड़ ने
भले ही हम दोनों को
दूर कर रखा है।

कवि: काकिनोमोतो-नो-हितोमारो
काव्यसंग्रह: मानयोशू (7-8वीं सदी)

अनुवादक: योशिओ तकाकुरा

秋の夜の
月の光は
きよけれど
人の心の
隈は照らさず

詠み人知らず
後撰和歌集

शरद की रात स्वच्छ चाँदनी
परंतु यही रोशनी
हृदय का तल
आलोकित नहीं करेगी।

कवि: अज्ञात
काव्यसंग्रह: कोसेनवाकाशू
(10वीं सदी)

अनुवादक: तोमोको किकुचि

है चाँद हृदय में बैठा,
उस शीतल किरण सहारे
सौंदर्य सुधा बलिहारी,
चुगता चकोर अंगारे।

जयशंकर प्रसाद

月光に支えられ、心の中に居座る
月のようなあの人
その美しさは甘露を与え
チャコール鳥[3]のような苦痛も与える

ジャイシャンカル・プラサード
(1889-1937)

翻訳：高倉嘉男

---

[3] キジ科アジアイワイシャコ。月を見て鳴くとされる。

छिपा रही थी मुख शशि बाला
निशि के श्रम से हो श्रीहीन
कमल कोश में बंदी था अलि
कोक शोक से दीवाना ॥

सुमित्रानन्दन पंत (20वीं सदी)

月は顔を隠し
夜は輝きを失う
蜂は蓮の花びらに囚われ
カモは悲しみに狂う

スミトラーナンダン・パント
(1900-1977)

翻訳：高倉嘉男

उजियाली अवगुंठन में विधु ने रजनी को देखा
तब से मैं ढूँढ़ रही हूँ उनके चरणों की रेखा।

महादेवी वर्मा

月が白いベールの奥から
夜を覗いたそのときから
私は愛しき人の足跡を
探している

マハーデーヴィー・ヴァルマー
(1906-1987)

翻訳：高倉嘉男

याद पुरानी आ गई
मेरा दिल बहला गई
झील थी और नाव थी
हम थे, तुम थे, रात थी
रसभरी बरसात थी
अमृत में नहला गई
थी पूनम की रात वो
और शरद का चांद वो
हमें देखती आँख वो
शायद थी शरमा गई
हम तुम तो मदहोश थे
तुम थे चुप, बेहोश थे
चप्पू भी ख़ामोशा थे
नाव बीच में आ गई
अस्फुट स्वर में गाती मैं
और लिपटती जाती मैं
शरमाती घबराती मैं
लहरों सी लहरा गई
देखा लहरों का नर्त्तन
देखा पुष्पों का वर्षण
कुदरत का वो आकर्षण

रूप अनूप दिखा गई
हृदय हृदय से मिलते थे
फूल प्रेम के खिलते थे
जल में साये हिलते थे
हर ओर सुगंधि छा गई
याद पुरानी आ गई

उर्मिल सत्यभूषण

古い想い出を想い出した
私の心はふと和む
湖があった　そして舟
私、あなた、そして夜
しとしと降る雨
　甘露の水浴び
あれは満月の夜だった
そして秋の月だった
私たちを見つめる目だった
　多分恥じらっていた
私たちは陶酔していた
あなたは黙り、我を失っていた
櫂も音を立てなかった
　舟は湖の真ん中まで来た
私はかすれ声で歌っていた
そして包まれていった
恥じらい、困惑した
　波のように波打った
波の踊りを見た

花の雨を見た
それは自然の魅力だった
　　比類のない美を見せられた
心は心と出会った
愛の花が花開いた
水に影が揺れていた
　　四方は芳香で包まれた
　　遠い昔の想い出が浮かぶ

ウルミル・サティヤブーシャン

翻訳：高倉嘉男

☾ चाँद और नायिका 月と美人

振り放けて
三日月見れば
一目見し
人の眉引
思ほゆるかも

大伴家持
万葉集

ऊपर अर्धचंद देखकर,
उसकी याद आती है
एक बार झाँका था
उसके अर्धचंद्राकार भौंह को।

कवि: ओतोमो-नो-याकामोचि
काव्यसंग्रह: मानयोशू (7-8वीं सदी)

अनुवादक: तोमोको किकुचि

छाई छवि अमल जुन्हाई-सी बिछौनन पै
तापर जुन्हाई जुदी दीपति रही उमंग।

परमानंद

寝床に横たわる美女、穢れなき月光のよう
その上に月光降り注ぎ、美しさこの上なし

パルマーナンド
(1493-1583)

翻訳：高倉嘉男

सुधाकर से मुख बानि सुधा
मुसक्यानि सुधा बरसैं रदपांति ।

देव

甘露で満ちた月のような美貌
歯を見せて笑うと甘露が溢れる

デーヴ
(1673-1745)

翻訳：高倉嘉男

थे शरद के चाँद से उजले धुले-से पाँव
मेरी गोद में
थे लहर पर नाचते ताज़े कमल की छाँव
मेरी गोद में।

धर्मवीर भारती

秋の月より白き、洗われたような足が
私の腕の中にあった
波の上に踊る若き蓮の影が
私の腕の中にあった

ダルムヴィール・バーラティー
(1926-1997)

翻訳：高倉嘉男

तुम्हारी पहली किरण
किसी किशोरी के कंठ की हसली

राज बुद्धिराजा

あなたの最初の光は
うら若き乙女の鎖骨のよう

ラージ・ブッディラージャー

翻訳：高倉嘉男

☾ चाँद और बच्चा　月と子供

名月を
取てくれろと
泣く子かな

小林一茶

ख़ूबसूरत चाँद निकला
बच्चा रोते ज़िद करता
मेरे वास्ते वह चाँद लाना।

कवि: कोबायाशि इस्सा
(1763-1828)

अनुवादक: योशिओ तकाकुरा

मैया, मैं तौ चंद-खिलौना लैहों।
सुरभी कौ पय पान न करिहौं, इहतर मुखन दैहों ॥
मोतिन माल न धरिहौं डर पर झंगुल न कंठ न लैहों ।
जइयौं लोट धरनि पर तबहीं तेरि गोद न अइयौं ॥
लाल कहिहों नंद बाबा को तेरौ सुत न कहैहिहों।
कान लाय कछु कहत जसोदा सोंहिन लाल सुनैहों॥
तेरी सौं मेरी सुन मइया अबहिं बियाह जइयौं ।
सूरदास सब सखा बराती नूतन मंगल गाइयौं ॥

सूरदास

クリシュナは言う

「お母さん、僕あの月が玩具に欲しいよ、取って来て。

取って来てくれるまで、牛乳も飲まないし、

首飾りも身に付けないからね。

さあ行って取って来て、それまで抱っこもさせないから。

お父さんにも言って、僕はもう息子じゃないからって。」

するとヤショーダーはそっと耳打ちする。

クリシュナは言う、「ならば今結婚するよ」

スールダースは言う、「友人たちと一緒にお前の結婚式へ行き、

めでたい歌を歌ってあげよう」[4]

スールダース

(15-16世紀)

翻訳：高倉嘉男

---

4 クリシュナはインド文学に登場する神格。ヒンドゥー教三大神のひとつヴィシュヌ神の化身とされる。中世の詩人スールダースはクリシュナが幼少時の愛らしい様子を描写した詩を多数書いている。ヤショーダーはクリシュナの育ての母親。クリシュナに「月のような花嫁をお前のために連れて来てあげるわ」と耳打ちしたのだろう。

कबहूँ ससि माँगत आरि करैं, कबहूँ प्रतिबिंब निहारि डरैं।
कबहूँ करताल बजाइ कै नाचत, मातु, सबै मन मोद भरैं॥
कबहूँ रिसिआइ कहैं हठि कै, पुनि लेत सोई जेहि लागि अरैं।
अवधेस के बालक चारि सदा तुलसी-मन-मन्दिर में बिहरैं॥

तुलसीदास

月が欲しいと駄々こねたり、自分の影見て怖がったり、
手を叩いて踊ったり。
その姿を見て母親や皆は嬉しくて仕方がない。
怒って何かを言ったり、欲しいものを手に入れて喜んだり。
トゥルスィーダース曰く、
アヨーディヤーの王様の4人の王子が、
私の心の中にいつまでも住み続けますように。[5]

トゥルスィーダース
(16-17世紀)

翻訳：高倉嘉男

---

5 二大叙事詩のひとつ「ラーマーヤナ」の主人公、アヨーディヤーのラーム王子とその兄弟の幼少時を描写した詩。

नन्हें नंदलाल के लिए
अजूबा था चाँद
बालमन ज़िद कर बैठा
मैय्या मुझे चाँद चाहिए
मैय्या ने थाल में जल भरा
आंगन में रखा
थाल में चाँद के अक्स को
नन्हें नंदलाल ने
किलकारी भर बार बार पकड़ा
खेल बन गया चाँद।

पुष्पलता तनेजा

小さなクリシュナにとって
月はとっても不思議な物体
無邪気におねだりを始めた
「ママ、お月様が欲しいよぉ」
母親はお盆に水を張り
庭に置いた
お盆に映った月の影を
小さなクリシュナは
喜びながら何度もつかんだ
月はこうして玩具になった。

プシュプラター・タネージャー

翻訳：高倉嘉男

कहते बच्चे मामा तुमको
करतब दिखलाते तुम उनको ।
लोरी गाकर पास बुलाते
हर्षित होकर तुम्हें सुनाते ।
आओ प्यारे चन्द्रामामा
हम बच्चों के प्यारे मामा ॥

पुष्पलता वर्मा

子供はお前を月おじさんと呼ぶ
お前に得意技を披露する。
子守唄を歌って呼び寄せる
嬉しくなってお前に聞かせる。
さあ、おいで、大好きな月おじさん
僕たち子供の大好きなおじさん

プシュプラター・ヴァルマー

翻訳：高倉嘉男

कवि कुछ ऐसी तान सुनाओ
चन्द्रामामा को घर लाओ।
लड्डू पेड़े उन्हें खिलाओ।
गाड़ी में फिर उन्हें घुमाओ
कवि कुछ ऐसी तान सुनाओ॥

पुष्पलता वर्मा

詩人よ、こんな詩を聞かせておくれ
月おじさんが家に来るような
月おじさんにお菓子をご馳走して
車に乗ってドライブへ行こう
詩人よ、こんな詩を聞かせておくれ

プシュプラター・ヴァルマー

翻訳：高倉嘉男

अनुत्तर

मैंने अपनी माँ से पूछा था –
'यह चाँद हमारे साथ क्यों चलता है
दाएँ मुड़े तो भी
बाएँ घूमें तो भी?'
माँ चुप रह गई थी

मेरी माँ ने अपनी माँ से पूछा था –
'यह चाँद हमारे साथ-साथ क्यों चलता है?'
वह भी चुप रह गई थी

शायद
मेरी बेटी भी मुझसे पूछेगी
और मैं चुप रह जाऊँगी

हमने क्यों नहीं खोजे जवाब
या

हमारे सवाल ही ऐसे होते हैं
जिनके कोई जवाब नहीं होते

सुनीता बुद्धिराजा

答えなき問い

私はお母さんに聞いた：
「お月様はなぜ私たちについて来るの？
右へ行っても
左へ行っても？」
お母さんは黙ってしまった

私のお母さんはお祖母さんに聞いた：
「お月様はなぜ私たちについて来るの？」
お祖母さんも黙ってしまった

多分
私の娘も私に聞くのだろう
そして私も黙ってしまうのだろう

私たちはなぜ答えを探さなかったのだろう
それとも
私たちの問いは

答えのないものなのだろうか

スニーター・ブッディラージャー

翻訳：高倉嘉男

पूनम और एक जन्म

चाँद शमा है
दिये बिना रोशन करता
पिघलने के बाद फिर फूलता।

चाँद होंठ है
कभी मुस्कराता कभी हँसता
अभी "आओ आओ" पुकारता।

चाँद आईना है
मेरा चेहरा नहीं दिखाता
तेरा चेहरा ख़ूब दिखाता।

पूर्णिमा के दिन...

चाँद नगाड़ा है
पहली साँस की आवाज़ सुनाता

नई ज़िन्दगी का आग़ाज़ बताता।

चाँद पाल है
पीछे से आई हवा भर लेता
उस जहाज़ को आगे चलाता।

चाँद तुम्ही है
दिन में अकसर सोया रहता
रात को बिलकुल खिल उठता।[6]

योशिओ तकाकुरा

---

[6] मेरा बेटा 26 जून 2010 को पूर्णिमा के दिन पैदा हुआ था। जापान में कहा जाता है कि महिने में पूर्णिमा के दिन शिशुओं का सबसे अधिक जन्म होता है। इंसान के तन-मन पर चाँद का कुछ-न-कुछ असर होता ही है क्योंकि इंसान के शरीर का 80 प्रतिशत पानी से बना है और चाँद और पानी का संबंध तो सभी को मालूम है। यह कविता उस चाँद के लिए है जो मेरे बेटे के जन्म में सहायता दी थी।

満月とある誕生

月はロウソク
火もなく輝く
溶けても膨らむ

月は唇
時に微笑み、時に笑い
今は「おいでおいで」と呼ぶ

月は鏡
僕の顔は映らない
君の顔をよく映す

満月の日・・・

月は太鼓
初めの息の音を奏でる
新しい人生の始まりを祝う

月は帆
順風を受けて膨らみ
船を前へと進める

月は君
昼には寝てばかり
夜になると目を覚ます[7]

高倉嘉男

7　私の息子は 2001 年 6 月 26 日の満月の日に生まれました。日本では、満月の日の出産が一番数が多いと言われています。人間の体の 80%は水でできており、潮の満ち引きが月の引力が原因であることからも分かるように、人間の心身に月の影響があることは確かです。この詩は、私の息子の誕生を助けた月のために詠んだものです。

月と泥棒と３５歳の誕生日

世のなかのすべてのひとから
見放されたとしても
あなたは
見捨てないと、言ってくれるだろうか
いつわりでもいい
それだけで、今日の日を僕はいきていけるだろう

にごりのない目で
はつらつと走り、ジャンプする
あなたのきよらかな力は
みている者まで強くする
それだけで、今日の日を僕はいきていけるだろう

この国の日ざしと
むせかえるような熱気が
からだのなかで化学反応を起こし

ふうっとなにかが湧きあがる
それだけで、今日の日を僕はいきていけるだろう

今日の日に、また今日の日をつみかさね
やがていつの日かこの世を去るときに

月のあかりのなかを
弧を描き、駆けていく黒い鹿の
くるくるとねじのように巻きあがった
ふたつの角に
心をうばわれたあの日のことを

最後に思い浮かべたい

保科輝之

चाँद, चोर और मेरा 35वाँ जन्मदिन

दुनिया के हर किसी ने
अगर जवाब दे दिया तब भी
तुम
मुझे न छोड़ोगे?
झूठ ही सही, कह दो
बस इसी से मेरा आज का दिन चल जाता है

निर्मल आँखें लिए
दौड़ता, भागता और उछलता
तुम्हारी पवित्र शक्ति से
देखने वालों को भी शक्ति मिलती है
बस इसी से मेरा आज का दिन चल जाता है

इस देश की रोशनी
और गर्म हवा
शरीर के अंदर मिलकर रासायनिक क्रिया होते

कुछ बन कर उभर आती है
बस इसी से मेरा आज का दिन चल जाता है

दिन के ऊपर दिन रखते रखते
एक दिन यह दुनिया छोड़ दूँ तब

चाँदनी में
घूमते दौड़ते काले हिरण के
घुमावदार
दो सींगों से
रोमांचित हुआ वह दिन

अंत में याद करूँगा

तेरुयुकि होशिना

अनुवादक: योशिओ तकाकुरा

चाँद की तरह

चाँद की तरह,
चमकने की अभिलाषा
हम भी करते हैं।
चाँद की तरह, निरंतर
आगे बढ़ने की अभिलाषा
हम भी करते हैं।

चाँद की शीत बरखा में,
भींगने की अभिलाषा
हम भी करते हैं।
चाँद की चाँदनी छाया में
'निनिया' की अभिलाषा
हम भी करते हैं।

चाँद को उचक कर,

छूने की अभिलाषा
हम भी करते हैं।
चाँद की धरा पर,
गोठ की अभिलाषा
हम भी करते हैं।

पुष्कर कुमार दास

月のように

私も月のように
輝きたい。
月のように常に
前へ進んでいたい。

月の冷たい雨に
身を濡らしたい。
月光の影で
眠りたい。

私も月まで飛んで
触れてみたい。
月の上に
立ってみたい。

プシュカル・クマール・ダース

翻訳：高倉嘉男

चाँद

चाँद, चंदा और चंद्रमा,
कितने नामों से जाने जाते हो
बिखेरने अपनी मधुर छटा
क्यों रातों को ही आते हो।

सावन-भादों के घटा-टोप में
छुप-छुप कहाँ नहाते हो
शरद की उजली रातों में
सौंदर्य कहाँ से लाते हो।

बनकर मामा बच्चों के
थाली भर प्यार लुटाते हो
चंद्रमुखी की रसीली आँखों में
क्यों विरह बन छा जाते हो।

सदियों से इस धरती पर
है मानव तुझको पूज रहा

ब्रह्मांड की सारी सुषमा में
तेरा ही अक्स है ढूँढ़ रहा।

सुनते हैं तुम्हारी धरती पर
नई बस्ती बसने वाली है
किसी आँगन के एक कोने में
छोटा सा मुझको भी घर देना।

कुलदीप कौर

月

月よ月よお月様
いくつの名前を持ってるの
その美貌のお披露目に
どうして夜だけ出てくるの。

黒雲広がる雨季には
どこで隠れて沐浴してるの
秋の季節の明るい夜に
どこで着飾って来るの。

子供たちの叔父さんになって
お盆一杯の愛を受ける
チャンドラムキーの目に
どうして別離となって満ちるの。

何百年もこの大地で
人間はお前を崇拝して来た

宇宙の全ての美の中で
お前の姿だけを探している。

お前の地表に
新しい町ができると聞いた
どこかの庭の隅っこに
私にも小さな家をおくれ。

クルディープ・カウル

翻訳：高倉嘉男

कुमुदिनी कान्त

पूर्णिमा का चंदा
खिलखिलाकर देख रहा है
मचलता, बिछलता, इतराता सा
शरारती ऐसा कि
पल भर में ओझल हो जाए
यह बदली का चाँद
सखियों से घिरी कुमुदिनी!
कुछ लजाए, कुछ संकुचाए ॥
सभी छेड़ रही थीं
देखो तो अलि !
तुम्हें कौन छिप छिप कर
देख रहा है !
अब तो उदासी का आलम
उतार फेंको !!!
कुछ गाओ, कुछ सुनाओ !
सखियों के परिहास से
कुमुदिनी कुछ मंद मंद मुस्कराई ।

लजाकर पलक उठाई ॥
धीरे से ऊपर देखा –
लगा उसका कान्त
मसखरी कर रहा है
बहुत ढूँढ़ा, ढूँढ़ा और ढूँढ़ा
शरमाकर बादलों की ओट हो गया।
हे मधुकर ! हे पुष्प मंजरी !
हे विहगावलि ! हे मस्त पवन !
तुमने कहीं देखा है ?
प्रत्युत्तर मिला सभी से –
देखो तो अलि !
तुम्हारा प्रिय !
आसमान से मुस्करा रहा है,
झाँक रहा है ॥
आखिर है तो पूर्णिमा का चाँद
तुमसे बचकर कहाँ रहेगा ?
कहाँ जाएगा ? कहाँ छिपेगा ?

कुमुदश्रीवास्तव 'कनुप्रिया'

ヒツジグサの恋人

満月が笑って見ている
じたばたしたり、滑ったり、気取ったり
あまりにやんちゃで
一瞬で消えてしまうほど
そんな曇り空の月
そして友達に囲まれたヒツジグサ！
恥ずかしがったり、ためらったり。
皆、からかっていた
ほら見て！
あなたを盗み見ているのは誰かしら！
そろそろそんな憂鬱な振りは
やめたらどうかしら！！！
何か歌を歌って聞かせてよ！
友達にからかわれて
ヒツジグサは少しだけ微笑んだ。
はにかんで瞼を上げた。
ゆっくりと空を見上げた

すると彼女の恋人は
ふざけているようだった
あちこち探したが、探しに探したが
恥ずかしがって雲の影に隠れてしまった。
蜜蜂よ！花の蕾よ！
鳥たちよ！そよ風よ！
どこかで見なかった？
皆は口々に答えた。
見てごらん！
君の恋人はあそこ！
空で微笑んでいるよ、
覗いているよ。
何と言っても満月の月
君の目の届かないところにいれる？
どこへ行ける？どこに隠れられる？

クムドシュリーワースタヴ・カヌプリヤー

翻訳：高倉嘉男

चाँद

उस के मान लेने भर से
हो गया था शीतल - वह चाँद
अन्यथा तो पता नहीं क्या क्या था
उस के हृदय में
बदलियों से अठखेलियाँ करना
कभी ओझल हो जाना
और फिर प्रकट हो जाना
धरती के हृदय को
आकर्षित करना
या मदिरा घट सा
उसे पीने का प्रयत्न करना
फिर उसके ताप वा उन्माद से
छीन होते जाना
उसके लावण्य की
चाहत में
दग्ध होकर भी

शीतल बने रहना
क्योंकि उसने चाह पूर्वक
मान लिया था
चाँद को शीतल ॥

वेद व्यथित

月

あの人が認めただけで
冷たくなってしまった、あの月は
他に何を求めていただろう
あの人の心は
何を求めていたのだろう
雲とたわむれ
消えたり
現れたり
大地の心を
魅了したり
酒を一気に
飲み干そうとしたり
熱と熱情によって
消え入ったり
あの人の美貌の
欲望に
燃えても

冷たいままでいておくれ
なぜならあの人は望む前に
認めていたのだ
月を冷たいと。

ヴェード・ヴャティト

翻訳：高倉嘉男

चाँद

चाँद हर रात चढ़ता है
चाँदनी हर रात शीतलता बरसाती है
जैसे संसार से असंपृक्त हो चाँद...
यहाँ के सुख दुख से उसका कोई सरोकार नहीं...
नहीं, नहीं ऐसा नहीं है
धरती के दुख पर धरती का भाई
धार धार रोता है
और धरती के साथ हँसता मुस्कुराता है।
साथ हँसने और साथ रोने के पवित्र रिश्ते से बंधा चाँद
हिरोशिमा और *नागासाकी* पर बम गिरने पर
धरती के साथ सुबक सुबक कर रोया था
और चाँदनी का शीतल फाया भी
धरती का ताप नहीं कम कर पाया था।

अर्चना त्रिपाठी

月

月は毎晩昇る
月光は毎晩涼しさを降らす
まるで世界とは無関係のような月・・・
ここの苦楽と月とは何の関係もない・・・
いや、そうではない
大地が悲しいときには、大地の兄弟は
大声を上げて泣くのだ
そして大地と共に笑い微笑むのだ
共に笑い共に泣く、清き関係なのだ
広島と長崎の爆弾が落ちたとき
月は大地と共にさめざめと泣いた
月光の冷たい綿切れも
大地の熱を冷ますことは出来なかった。

アルチャナー・トリパーティー

翻訳：高倉嘉男

चाँद

चाँद को देखा शिशु ने
दूध के दो दाँत झलके
मोतियों के आब वाले
नंद-नंदन भाव वाले।

भाव बदला;
चाँदनी में सिहर उठते
युगल प्रेमी कुंज-वन में
चाँद को ही भूल बैठे।
पर विरहनी;
एकटक से ताकती थी
चाँद को
पीड़ा सुनाना चाहती थी;
सुन पुरातन प्रीत-गाथा
चाँद रोया;
ओस मत समझो इसे
यह अश्रु-जल है

दूसरे की व्यथा सुनकर
समव्यथी, सहजात बनकर
द्रवण का यह पुण्य-पल है

सुधा सिन्हा

月

赤子が月を見た
２本の乳歯が見えた
真珠のように輝く
クリシュナのような。
変わってしまった。
月光に震える
カップルは森の中で
月を忘れてしまった。
しかし別れた者は
じっと月を
見つめていた
悲しみを伝えたかった。
古い愛の物語を聞き
月は泣いた。
これは夜露ではない
涙なのだ
人の悲しみを聞いて

同情し、親身になって
漏れ出た神聖なる時間だ

スダー・スィナー

翻訳：高倉嘉男

तुमने क्यों किया

तुमने, चाँद के मुँह पर
आग का गोला क्यों दागा?
तुमने क्यों किया, क्यों? आखिर क्यों?
मैं तो मेंहदी सजाये,
आरती उतार रही थी
तुम्हारी लंबी उमरों की मन्नत माँग रही थी,
चाँद को चीर तुमने कौन सा नीर पाया
मेरी पूजा की थाली में
चाँदनी का रस-राग नहीं मुरदा राख बरसाई!
कल ही तो सावन ढले,
सजीले मोर ने मुझे पँख दिये थे
जुगनू ने आँचल सजाया था
बेला-चमेली और बूंदों के मोतियों ने
तोरण बाँधा था, मेरी उमंगों के पैर पींगों चढ़े थे
तुमने बादल को क्यों भगा दिया!
हरा-भरा मन-आँगन रीत गया

सरोवर का दिल टूट गया
मेरे गाँव की टेकरी पर है तुलजा का आसन
चंपा-पलाश-जूही की गमका महका
छतनारे पलाश की कतारों ने
सूरज को शोलों को अपने सिर झेला
मुझ पर हरियाला साया फैलाया
तुलजा भवानी का पठार मुरादों का दाता
तुमने बेला-चमेली-साल-पलाश-वन
कंकरीट बिछाया, क्यों आरा चलाया!!!
शरद पूनों की रात
शबनमी छाँह तले
मेरी खदबदाती खीर में
अजर-अमर चाँदनी बरस रही थी
भीनी-भीनी खुशबू, गुलाबी-गुलाबी सरदी
कतरा-कतरा जिंदगी गमक रही थी
तुमने, क्यों चाँद-धरती-बादल पर
अपनी चाहत का बारूदी धमाका दहकाया...
याद नहीं, पहले भी तुम ने

धरती से उपट अधर में त्रिपुर सजाया था
यंत्र-तंत्र-कल-बल छले तुम
अधर में ही राख हो गये थे
धरती से बाहर कहाँ घर बाँध पाये थे तुम!!!
सूरज की आन, चँदा की शान
बादल की उड़ान, माटी का मान
मेरी मन्नतों-मिन्नतों का गुमान
तुम्हारी ऊँची उछाल
जीवन की आस आदम विश्वास
सब के सब सूरज-चँदा-धरती का दान
अब जल-थल-आकाश
लोहे की आग मत बरसाना
तुम धरती के चाँद को मत दागना

मालती

あなたはなぜ

あなたはなぜ、月の顔に
火の玉を放ったの？
あなたはなぜそんなことをしたの？なぜ？
私はヘナを付け
アールティーを捧げていた
あなたの長寿を願っていた
月を切り裂いて何が得られたの
私のプージャーのお皿に
月の旋律ではなく死んだ灰を浴びせた！
つい昨日、雨季は終わった
美しい孔雀が私に羽をくれた
蛍がベールを飾り立てた
マツリカ、ソケイ、真珠が門を飾った
興奮の足が
あなたはなぜ雲を追い払ったの！
緑生い茂った心の庭は空になった
心の湖は壊れてしまった

私の村の丘にはソケイ、
ハナモツヤクノキ、モクセイが香る
キノコ型のハナモツヤクノキの並木は
太陽の炎に耐え
私の上に緑の影を投げかけた
高原は願いを叶える
あなたはマツリカ、ソケイ、サラソウジュ、ハナモツヤ
クノキの森に
なぜコンクリートを敷き詰め、
鋸で切ったの！！！
秋の満月の夜
夜露の影の下
私の煮えたぎったキールの中に
不老不死の月光が降り注いでいた
仄かな香り、バラ色の寒さ
人生の一滴一滴が香り立っていた
あなたはなぜ月と大地と雲に
欲望の爆弾を爆発させたの・・・
覚えてないの、あなたは前にも

大地から浮き出た空間にトリプラを創った
あなたはあの手この手を使って騙し
空中で灰になってしまった
大地の外のどこに
あなたは家を作れたの！！！
太陽の風格、月の輝き
雲の飛翔、大地の誉れ
私の願望と哀願
あなたの高い跳躍
人生の希望、人間の信頼
全て太陽、月、大地の賜物
もう水と大地と空に
鉄の火を降らせないで
大地の月を撃たないで

マールティー

翻訳：高倉嘉男

月のひかり

一.

月のひかりはお屋根から
明るい街をのぞきます。

なにも知らない人たちは、
ひるまのやうに、たのしげに、
明るい街をあるきます。

月のひかりはそれを見て、
そつとためいきついてから、
誰も貰わぬ、たくさんの、
影を瓦にすててます。

それを知らない人たちは、
あかりの川のまちすぢを、
魚のやうに、とほります。
ひと足ごとに、濃く、うすく、

伸びてはちぢむ、気まぐれな、
電燈（デンキ）のかげを曳（ひ）きながら。

二.
月のひかりはみつけます、
暗いさみしい裏町を。

いそいでさつと飛び込んで、
そこのまづしいみなし兒が、
おどろいて眼をあけたとき、
その眼のなかへもはいります。
ちつとも痛くないやうに、
そして、そこらの破（アバ）ら屋が、
銀の、御殿にみえるよに。

子供はやがてねむつても、
月のひかりは夜明けまで、
しづかにそこに佇（タ）ってます。
これは荷ぐるま、やぶれ傘、

一本はえた草にまで、
かはらぬ影をやりながら。

चाँदनी

चाँदनी छत की ओर से झाँक रही,
आलोकित शहर को।

पर लोगों को उसकी परवाह नहीं।
दिन की तरह आनंदित,
आलोकित शहर में घूम रहे।

चाँदनी उसे देखकर,
धीमे-धीमे साँस छोड़ती,
ऐसी बहुत सारी छायाएँ,
खपडैल पर फेंकती।
जिनको लेने वाला कोई नहीं,

पर लोगों को उसकी परवाह नहीं।
वे आलोकित नदी जैसे सड़कों पर
मछुली की तरह चलते रहे
बिजली की बत्ती की छाया घसीटकर।

क़दम क़दम पर
कभी गहरी, कभी हल्की,
कभी लंबी, कभी छोटी
मनमानी छाया को।

चाँदनी की दृष्टि पड़ जाती,
अँधेरी सूनसान गली मुहल्ला पर।

वह तुरंत वहाँ कूद पड़ती,
जहाँ एक अनाथ बच्चा खड़ा रहता।
सहसा उसकी आँखें चौंककर खुल जाती,
उन आँखों के भीतर भी वह चली जाती।
बच्चे को ज़रा सा भी दर्द न हो,
इधर-उधर की झुग्गी-झोंपड़ी,
चांदी के महल की तरह दिख जाए।

बच्चे के सो जाने पर भी,
जब तक ऊषा नहीं आती,
तब तक चाँदनी शांति से ठहरती।

ठेला गाड़ी, फटा छाता,
अकेली उगी हुई घास को भी,
बराबर छाया देते हुए।

मिसुज़ु कनेको
(1903-1930)

अनुवादक: तोमोको किकुचि

秋の夜
満ちたる月に
影一兎

内山浩二郎

शरद की रात
पूर्णिमा पर
एक ख़रगोश

कोजिरो उचियामा

अनुवादक: योशिओ तकाकुरा

いにしえの
都の水に
映ゆる月

内山浩二郎

पुराने शहर की
झील पर प्रतिबिंबित
चंद्रमा

कोजिरो उचियामा

अनुवादक: योशिओ तकाकुरा

The wind whispers to my ears, singing,
"We're from where no one knows"

All I can see is the white fields of salt,
shining below the blue sky

The sun sets in the west horizon
saying, "Good night"

The moon lets the fish boat
float in the sky of stars

Let it sail
Let it sail on
I'm in

朝　目が覚めてみると

そこに水はなく

一面の白い平野
ひびわれた土

残された舟たちが
眠るように

僕は静かに陽の中に立ち

目を閉じて
目を閉じている

柳楽昌宏

हवा फुसफुसाती है मेरे कानों पर, गुनगुनाती है
“हम आए हैं वहाँ से जहाँ किसी को मालूम नहीं”

दिखाई देता है केवल नमक का सफ़ेद मैदान
नीले आसमान के तले चमक रहा है

सूरज पश्चिम में डूब गया
“गुड नाइट” कहते हुए

चाँद तैराता है मछली की नावें
सितारों भर आसमान पर

चलने दो
उसे चलने दो
मैं भी हूँ

सुबह, नींद खुली तब
वहाँ पानी नहीं था

दूर दूर तक सफ़ेद मैदान
और चटकी ज़मीन

बची-कुची नावें
मानो सो रही हैं

मैं चुपचाप धूप के अंदर

आँखें मूँद...
आँखें मूँद खड़ा रहा

मासाहिरो नागिरा

अनुवादक: योशिओ तकाकुरा

シバラトリ

岸辺の小さな宿で
きしむ戸を開けて
「お月さまいますか」
新月とガンガーは
闇の中でした。

もうしばらくすると
太陽が登り
人々は沐浴をします
お月さまはシバの冠に止まり
シバラトリが始まります

夕暮時から
ダンスや歌、楽の音を
遠い星の世界まで
響き届けるのです

ガンガーが強く恐ろしく
私の胸の上を流れて
細い月は一滴のしずくに
なりました

平岡達子

शिवरात्रि

गंगा तट पर छोटी-सी धर्मशाला
चरमराता दरवाज़ा खोलते, मैंने पूछा,
'क्या चाँद निकला है?'
नवचंद्र और गंगा
दोनों अँधेरे में डूबे थे।

कुछ देर बाद
सूर्योदय होगा
भक्त-जन स्नान करेंगे
चाँद शिवजी के मुकुट को उजाले से भर देगा
शिवरात्रि शुरू हो जाएगी।

कहीं दूर सितारों को
संगीत-सुर भेजते
रात-भर
गायन-नर्तन चलता रहेगा।

डरी-सहमी, ताक़त आज़माती गंगा
मेरे वक्ष पर बहती गई
और नवचंद्र
एक बूँद पानी बन गया।

तात्सुको हिराओका

अनुवादक: राज बुद्धिराजा

चाँद पर बैठी
काकी युगों से
मेरे लिए सूत कात रही है
वह श्वेत रेशम बन जाता है
मेरे बालों सा

राज बुद्धिराजा

月に座った
お婆さんは長い間
私のために糸を紡いでくれている
それはやがて白い絹となる
私の髪のような

ラージ・ブッディラージャー

翻訳：高倉嘉男

ओ काकी !
जिस चाँद पर बैठ
तुम सूत काता करती हो
उसके पार क्या है ?

राज बुद्धिराजा

お婆さん！
あなたが座って
糸を紡いでいる月の向こうには
何があるの？

ラージ・ブッディラージャー

翻訳：高倉嘉男

पर्वत पर बर्फ़
बर्फ़ पर चाँदनी
चाँदनी की चूनर
ओढ़े मैं

राज बुद्धिराजा

月に雪
雪に月光
月光のベールを
まとった私

ラージ・ブッディラージャー

翻訳：高倉嘉男

तुम्हें याद है
जब तुम छत पर
उतर आते थे
मैं ताज़े पानी के मोती को
एक एक करके पढ़ा करते थे

राज बुद्धिराजा

覚えてる？
あなたが屋根の上に
降りて来ると
私は新鮮な夜露の真珠を
ひとつひとつ数えていたのよ

ラージ・ブッディラージャー

翻訳：高倉嘉男

चाँद कभी बदली में छिपता
कभी बरखा में भीगता
कभी मेरा चेहरा देखता है

राज बुद्धिराजा

月は時に雲に隠れ
時に雨に濡れる
そして時に私の顔を見るの

ラージ・ブッディラージャー

翻訳：高倉嘉男

सुबह सवेरे
अपनी हथेलियों में
अर्ध-चंद्र दिखता है

राज बुद्धिराजा

朝早く
手の平に
出る半月

ラージ・ブッディラージャー

翻訳：高倉嘉男

मेरी हथेलियों में
बना अर्द्ध-चंद्र
पूर्ण होने को बेचैन

राज बुद्धिराजा

私の手の平に
出来た半月は
満月になりたがっている

ラージ・ブッディラージャー

翻訳：高倉嘉男

मेरे आँगन
उतरते तुम
खीर पकाती मैं

राज बुद्धिराजा

私の庭に
降りる月
乳粥を作る私

ラージ・ブッディラージャー

翻訳：高倉嘉男

कवियों का परिचय

कोजिरो उचियामा

4 जुलाई 1956 को होक्काइदो (जापान) में जन्म। ओसका विदेशी भाषा विश्वविद्यालय से बी.ए. फ़्रेंच प्राप्त और अमहार्सट कालेज, मैसाचूसिट्स, यू.एस.ए. में भी शिक्षा प्राप्त। 1979 में से जापानी विदेशी सेवा में सेवारत। 2008 से 2011 तक जापानी दूतावास, नई दिल्ली में जापान इंफ़ोर्मेशन सेंटर के अध्यक्ष के रूप में कार्यरत रहे।

तेरुयुकि होशिना

3 अगस्त 1975 को तोक्यो में जन्म। 2003 से 2011 तक जापान फ़ाउंडेशन, नई दिल्ली में कार्यरत रहे।

मासाहिरो नागिरा

29 जुलाई 1982 को शिमाने (जापान) में जन्म। तोक्यो विदेशी भाषा विश्वविद्यालय से बी.ए. अंग्रेज़ी और कैलिफ़ोर्निया विश्वविद्यालय से एम.ए. पब्लिक पालिसी प्राप्त। 2006 से जापानी विदेशी सेवा में सेवारत। 2009 से आज तक जापानी दूतावास, नई दिल्ली में कार्यरत।

तात्सुको हिराओका

27 अप्रैल 1936 को क्योतो में जन्म। 1962 से 1997 तक क्योतो के स्कूलों में चित्रकारी की मास्टरी करने के बाद चित्रकार के रूप में सक्रिय हुईं। तब से 'क्योकाइ' इत्यादि जापान के अनेक पुरस्कारों और सम्मानों से पुरस्कृत-सम्मानित। वाराणसी के घाटों में गंगा के चित्र बनाना उनकी विशेष रुचि रही और 2006 से लगभग हर साल भारत में उनके गंगा पर चित्रों की प्रदर्शनी होती आ रही है।

डॉ. राज बुद्धिराजा

1937 में लाहौर में जन्म। भारत-जापान सांस्कृतिक परिषद् की अध्यक्षा। अभी तक 72 पुस्तकें प्रकाशित। जापान सम्राट द्वारा सर्वोच्च नागरिक अलंकरण 'द आर्डर ऑफ़ द सेक्रेड ट्रइयर गोल्डरेज़ विद नेक रिबन' और दिल्ली सरकार द्वारा साहित्यिककृति और साहित्यकार सम्मान इत्यादि 30 राष्ट्रीय और अंतर्राष्ट्रीय सम्मानों से सम्मानित।

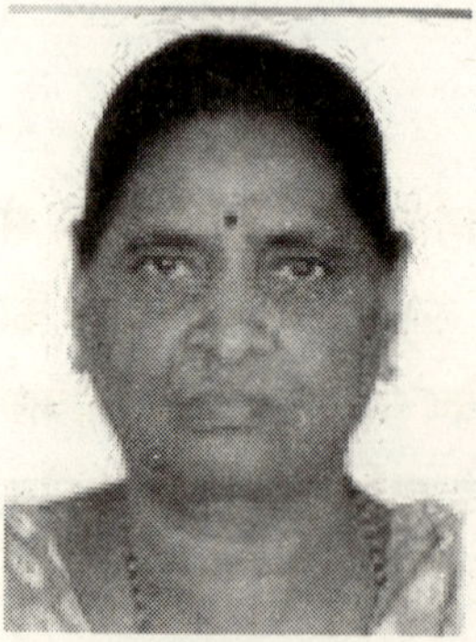

डॉ. पुष्पलता वर्मा

3 जुलाई 1938 को आगरा में जन्म। 1968 से 2003 तक हिन्दी विभाग, कालिंदी कालेज, दिल्ली विश्वविद्यालय में रीडर। अब स्वाध्याय एवं लेखन कार्य में रत।

डॉ. पुष्पलता तनेजा

दिल्ली विश्वविद्यालय से बी.ए. (आनर्स), बी. लिब. साइंस और एम.ए. संस्कृत प्राप्त। 'पुलिस विज्ञान' पत्रिका का संपादन, आकाशवाणी और दूरदर्शन के विभिन्न चैनलों पर वार्ताएँ एवं कार्यक्रम प्रसारित। 'वैज्ञानिक तथा तकनीकी शब्दावली आयोग' के अध्यक्ष, केंद्रीय हिंदी निदेशालाय के निदेशक और राष्ट्रीय सिंधी भाषा विकास परिषद् के निदेशक रहीं। अनेक पुरस्कारों और सम्मानों से सम्मानित।

सुनीता बुद्धिराजा

17 नवंबर 1954 को जन्म। एम.ए. (हिन्दी) और एम.बी.ए.। अभी तक 'आधी धूप', 'प्रश्न पांचाली' और 'टीस का सफ़र' इत्यादि पुस्तकें प्रकाशित। जनसंपर्क के क्षेत्र में कार्य कर रही हैं।

कुलदीप कौर

30 सितंबर 1952 को जन्म। सेंट्रल हिन्दी डायरेक्ट्रेट में सहनिदेशक।

उर्मिल सत्यभूषण

1940 में गुरदासपुर में जन्म। एम.ए. हिन्दी और एम.ए. राजनीति शास्त्र प्राप्त। परिचय साहित्य परिषद की संस्थापक अध्यक्ष, सत्य सृजन प्रकाशन की संचालक। रूसी सांस्कृतिक केंद्र से 25 वर्षों से जुड़ाव और रेडियो और टी.वी. के कार्यक्रमों के लिए भी सक्रिय, अनेक पुस्तकें प्रकाशित। कई पुरस्कारों सम्मानों से सम्मानित।

डॉ. मालती

12 दिसंबर 1942 को जन्म। एम.ए. (हिंदी), पीएच.डी. (हिंदी) और एम.ए.(मराठी) प्राप्त। 1971 से 1997 तक गार्गी कालेज, दिल्ली विश्वविद्यालय में अध्यापन, हाल में ज़ाकिर हुसैन कालेज, साउथ और नोर्थ कैम्पसों में गेस्ट फ़ैक्ल्टी के रूप में कार्यरत। विभिन्न पत्र-पत्रिकाओं में काव्य, कहानी और आलोचना का लेखन। अनेक पुरस्कारों और सम्मानों से सम्मानित।

डॉ. तोमोको किकुचि

जापान के तोक्यो में हिंदी भाषा सीखने के बाद सन् 1992 में भारत आई। केंद्रीय हिंदी संस्थान आगरा, महारानी कॉलेज राजस्थान विश्वविद्यालय जयपुर से बी.ए., जवाहरलाल नेहरू विश्व-विद्यालय से एम.ए. से पीएच.डी.(हिंदी साहित्य) तक की शिक्षा सन् 2005 में पूरी की। अब लेखन और अनुवाद करती है। "महादेवी वर्मा की विश्वदृष्टि" (आलोचना), "हिरोशिमा का दर्द" (अनुवाद) आदि प्रकाशित।

योशिओ तकाकुरा

25 नवंबर 1978 को आइचि (जापान) में जन्म। तोक्यो विश्वविद्यालय से बी.ए. (भाषाविज्ञान), जवाहरलाल नेहरू विश्वविद्यालय से एम.ए. और एम.फ़िल. (हिंदी) प्राप्त, अब उसी विश्वविद्यालय से पीएच.डी. (हिंदी) का शोधकार्य रत। डॉ. राज बुद्धिराजा के साथ हिंदी-जापानी काव्य की 2 पुस्तकें प्रकाशित।

विद्यावाचस्पति कुमुद श्रीवास्तव 'कनुप्रिया'

1 अगस्त 1944 को जन्म। दिल्ली विश्वविद्यालय से एम.ए. हिन्दी, संस्कृत और मनोविज्ञान और अन्नामलाई विश्वविद्यालय से एम.एड. प्राप्त। उनकी दो शैक्षणिक पुस्तकें एन.सी.ई.आर.टी. के हिन्दी व्याकरण पाठ्यक्रम में निर्धारित। अनेक शैक्षिक और साहित्यिक सम्मानों से सम्मानित।

डॉ. वेद व्यथित

9 अप्रैल 1956 को जन्म। मेरठ विश्वविद्यालय से एम.ए. (हिंदी) और पीएच.डी. (हिंदी) प्राप्त। भारतीय साहित्यकार संघ के अध्यक्ष। उपन्यास, काव्यसंग्रह और संस्मरण इत्यादि पुस्तकें प्रकाशित। अंतर्जालीय पत्रिकाओं में भी सक्रिय। समाज गौरव इत्यादि अनेक सम्मानों से सम्मानित।

सुधा सिन्हा

21 नवंबर 1933 को जन्म। शिक्षा-प्रशासन तंत्र में 33 वर्षों तक कर्माजीव। अब तक 500 से अधिक रचनाएँ प्रकाशित और प्रसारित, जिनमें कथासंग्रह, उपन्यास, बालसाहित्य और अनुवाद इत्यादि सम्मिलित। राष्ट्रीय और राज्य स्तर पर पुरस्कृत।

डॉ. अर्चना त्रिपाठी

एम.ए. (हिंदी और अंग्रेज़ी) और पीएच.डी. प्राप्त। काव्य, शोध और अनुवाद की पुस्तकें प्रकाशित। पंडित हंस कुमार तिवारी स्मृति सम्मान इत्यादि अनेक पुरस्कारों और सम्मानों से सम्मानित।

शशिप्रभा तिवारी

19 जनवरी 1973 को देवरिया, उत्तर प्रदेश में जन्म। एम.एस.सी और बी.जे. रांची में, एम.जे. भोपाल में और आई.ए.सी. नई दिल्ली में। 'हिन्दुस्तान', 'नवभारत टाइम्स', 'दैनिक जागरण' आदि समाचार पत्र-पत्रिकाओं के लिए आलेख लेखन। 'जनसत्ता' दिल्ली के लिए वर्ष 2003 से तथा 'नई दुनिया' के लिए वर्ष 2008 से स्तम्भ लेखन कर रही हैं।

पुष्कर कुमार दास

5 दिसंबर 1985 को जन्म। 2002 में बी.आई.सी.बी. से 12वीं पास। ग्रैजूएशन कोर्स जारी। 3 साल से अरुण कुमार भगत का पी.ए. और सहलेखक, हाल में डॉ. राज बुद्धिराजा का पी.ए. और सहलेखक।

詩人の紹介

内山浩二郎

1956年7月4日北海道出身。大阪外国語大学フランス語科卒業、米国マサチューセッツ州アーモスト大学留学。1979年外務省に入省。2008年から2011年まで在ニューデリー日本大使館日本情報センター所長。

保科輝之

1975年8月3日東京都出身。2003年から2011年まで国際交流基金ニューデリー事務所勤務。

柳楽昌弘

1982年7月29日島根県出身。東京外国語大学英米科卒業、米国カリフォルニア大学政策修士取得。2006年外務省に入省。2009年から現在まで在ニューデリー日本大使館勤務。

平岡達子

1936 年 4 月 27 日京都出身。1962 年から 1997 年まで京都で美術教師を務めた後、画家に。協会賞など多数の賞を受賞。ヴァーラーナスィーのガートにてガンジス河の絵を描くことをライフワークとし、2006 年からほぼ毎年インドで個展を開いている。

ラージ・ブッディラージャー

1937 年ラホール出身。日印文化評議会会長。現在まで 72 冊の著書。日本国天皇から瑞宝中綬章を受勲、デリー政府から文学作品・文学者賞など、国内外の 30 以上の賞を受賞。

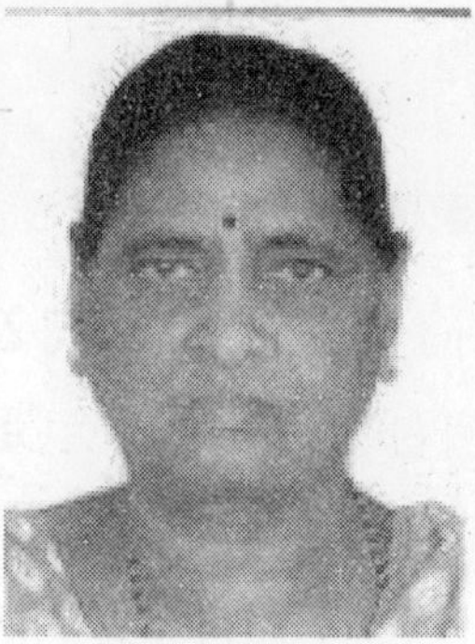

プシュプラター・ヴァルマー

1938 年 7 月 3 日ウッタル・プラデーシュ州出身。1968 年から 2003 年までデリー大学カーリンディー・カレッジのヒンディー語学科で講師を務める。現在は研究と執筆の日々を送る。

プシュプラター・タネージャー

デリー大学で文学士、図書館学学士、サンスクリット語修士取得。雑誌「警察学」の編集、ラジオやテレビの様々なチャンネルで番組を放送。「科学技術用語委員会」委員長、中央ヒンディー語監督局局長、全国スィンディー語振興会議会長など歴任。様々な賞を受賞。公用語の普及やそれに関する業務に携わる。

スニーター・ブッディラージャー

1954 年 11 月 17 日生まれ。ヒンディー語修士、経営学修士取得。現在まで多数の著書。ジャーナリズムの仕事に携わる。

クルディープ・カウル

1952年9月30日生まれ。中央ヒンディー語監督局の副局長。

ウルミル・サティヤブーシャン

1940 年パンジャーブ州出身。ヒンディー語修士、政治学修士取得。パリチャヤ文学会議の創始者兼会長、サティヤ・スリジャン出版経営。ロシア文化センターに 25 年間関わる。ラジオ・テレビ番組にも積極的に参加、著書多数。多くの賞を受賞。

マールティー

1942 年 12 月 12 日生まれ。ヒンディー語修士、博士、マラーティー語修士取得。1971年から1997年までデリー大学で教鞭を執り、現在は同大学客員教授。様々な雑誌や新聞で詩、短編小説、評論など執筆。社会活動にも積極的。多くの賞を受賞。

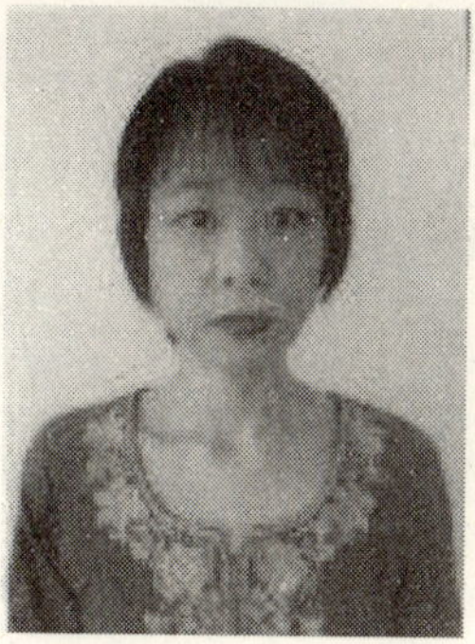

菊池智子

東京アジアアフリカ語学院、中央ヒンディー語学院アーグラー校でヒンディー語を学び、1992年に訪印。ラージャスターン州マハーラーニー・カレッジでヒンディー語学士、ジャワーハルラール・ネルー大学でヒンディー語修士を修めた後2005年にヒンディー語博士を取得。「広島のピカ」ヒンディー語版など。

高倉嘉男

1978年11月25日愛知県出身。東京大学で文学士、ジャワーハルラール・ネルー大学でヒンディー語修士を取得、現在同大学博士課程に在籍。ラージ・ブッディラージャー博士との共著など。

クムド・シュリーワースタヴ・カヌプリヤー

1944 年 8 月 1 日生まれ。インド学館ボンベイ校で文学士、デリー大学でヒンディー語・サンスクリット語・心理学修士、アンナマライ大学で教育学修士取得。著書 2 冊が NCERT ヒンディー語文法の教科書に。多くの教育・文学賞を受賞。

ヴェード・ヴャティト

1956 年 4 月 9 日生まれ。メーラト大学でヒンディー語修士・博士を取得。インド文学者協会の会長、社会正義ステージの共催者。小説、詩集、回想など著書多数。国際的雑誌でも積極的に執筆。様々な賞を受賞。

スダー・スィナー

1933 年 11 月 21 日生まれ。教育行政の分野で 33 年勤務。現在まで 500 以上の作品を出版・放送。短編集、長編小説、児童文学、翻訳など。全国・州レベルで受賞も多数。

アルチャナー・トリパーティー

ヒンディー語・英語修士・博士取得。詩、研究、翻訳の著書多数。パンディト・ハンス・クマール・ティワーリー記念賞など受賞多数。

シャシプラバー・ティワーリー

1973 年 1 月 19 日ウッタル・プラデーシュ州出身。ラーンチーで科学修士、ジャーナリズム学士、ボーパールでジャーナリズム修士など取得。ヒンドゥスターン紙など、多くの大手ヒンディー語新聞に執筆。

プシュカル・クマール・ダース

1985 年 12 月 5 日生まれ。2002 年に 12 学年修了。学部に在籍中。3 年間アルン・クマール・バガトの個人秘書と共同執筆者を務め、現在ラージ・ブッディラージャー博士の個人秘書と共同執筆者を務めている。